Impressum
Verlag: BABADADA GmbH, Nedderfeld 112 , 22529 Hamburg
Geschäftsführer / Verlagsleitung: Harald Hof
Druck: Books on Demand GmbH, In de Tarpen 42, 22848 Norderstedt

Imprint
Publisher: BABADADA GmbH, Nedderfeld 112 , 22529 Hamburg, Germany
Managing Director / Publishing direction: Harald Hof
Print: Books on Demand GmbH, In de Tarpen 42, 22848 Norderstedt, Germany

xue xiao

kool

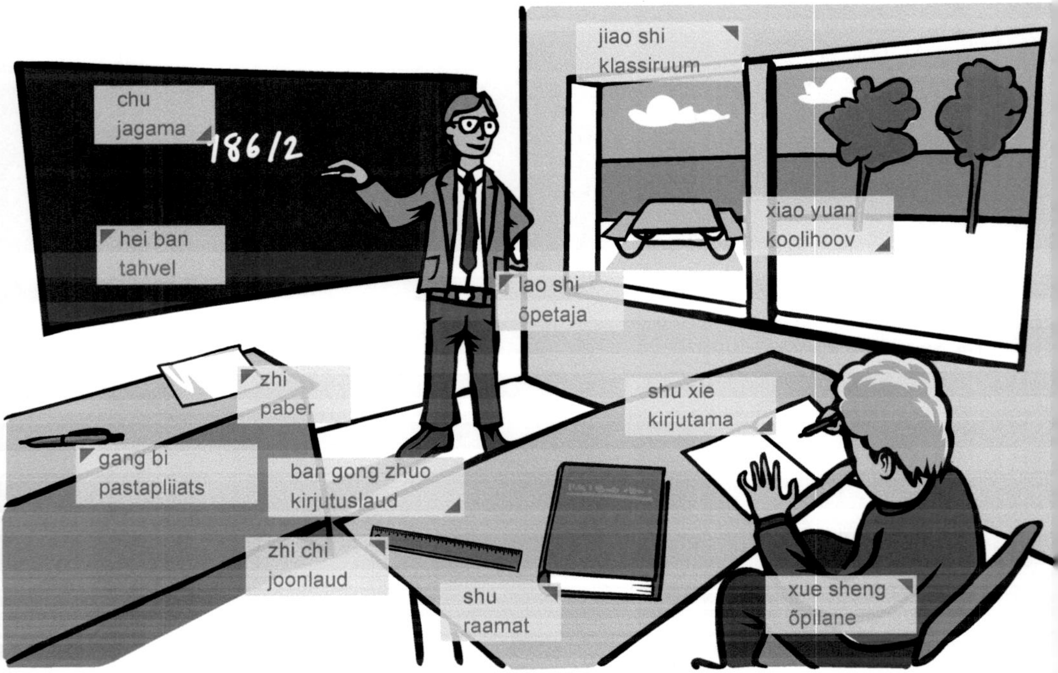
jiao shi
klassiruum
chu
jagama
186/2
hei ban
tahvel
xiao yuan
koolihoov
lao shi
õpetaja
zhi
paber
shu xie
kirjutama
gang bi
pastapliiats
ban gong zhuo
kirjutuslaud
zhi chi
joonlaud
shu
raamat
xue sheng
õpilane

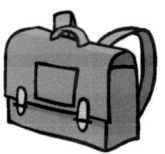

shu bao

koolikott

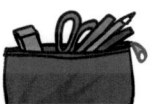

qian bi he

pinal

qian bi

harilik pliiats

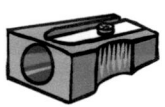

juan bi dao

pliiatsiteritaja

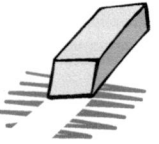

xiang pi ca

kustukumm

hua ban

joonistusplokk

tu hua

joonistus

hua bi

pintsel

yan liao he

värvikarp

jian dao

käärid

jiao shui

liim

lian xi ce

töövihik

jia ting zuo ye

kodutöö

shu zi

number

jia

liitma

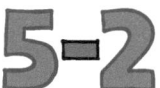

jian

lahutama

cheng

korrutama

ji suan

arvutama

zi mu

täht

zi mu biao

tähestik

zi

sõna

ke wen

tekst

du

lugema

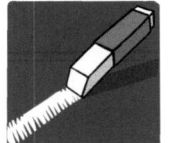

fen bi

kriit

shang ke

koolitund

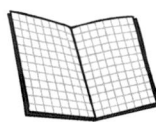

deng ji

klassipäevik

kao shi

eksam

zheng shu

tunnistus

xiao fu

koolivorm

jiao yu

haridus

bai ke quan shu

entsüklopeedia

da xue

ülikool

xian wei jing

mikroskoop

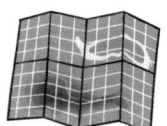

di tu

kaart

fei zhi kuang

paberikorv

lü xing
reisimine

jiu dian
hotell
Grand
qing nian lü xing she
hostel
ROOMS
EXCHANGE
wai bi dui huan chu
valuutavahetuspunkt
shou ti xiang
kohver
qi che
auto

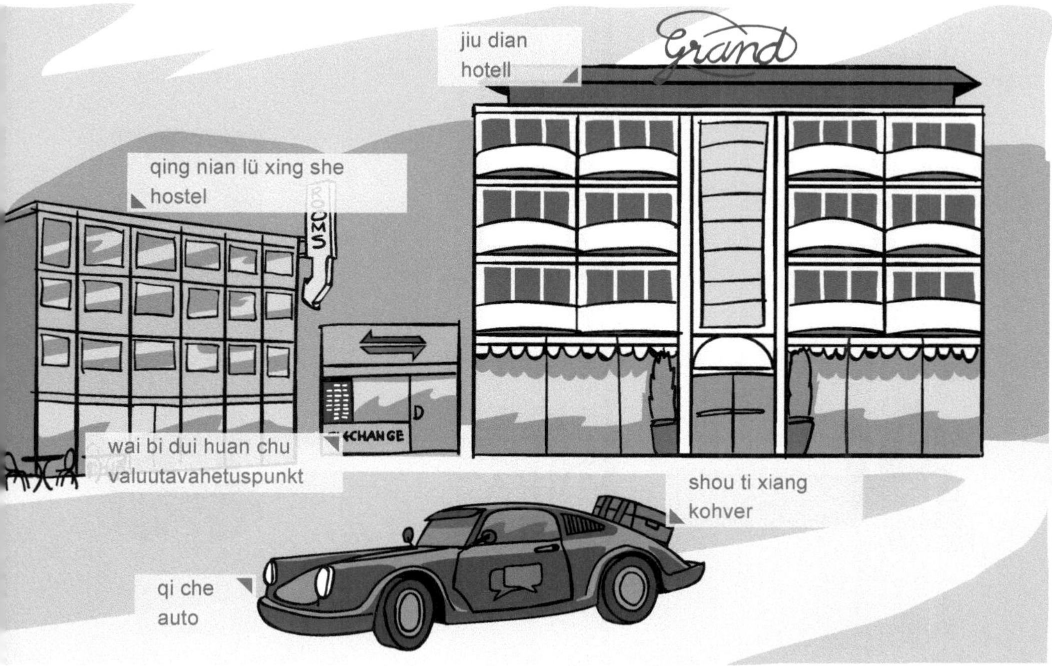

yu yan

keel

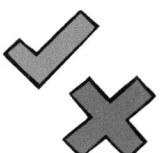

shi/fou

jah / ei

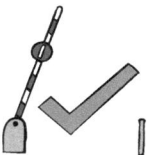

hao de

okei

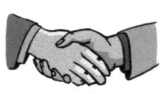

nin hao

Tere!

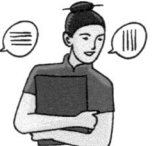

fan yi yuan

tõlk

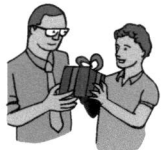

xie xie

Aitäh!

......duo shao qian?

Kui palju maksab ...?

wo bu ming bai

Ma ei saa aru

wen ti

probleem

wan shang hao!

Tere õhtust!

zao shang hao!

Tere hommikust!

wan an!

Head ööd!

zai jian

Head aega!

fang xiang

suund

xing li

pagas

bao

kott

shuang jian bao

seljakott

ke ren

külaline

fang jian

tuba

shui dai

magamiskott

zhang peng

telk

lü you xin xi

turismiinfo

hai tan

rand

xin yong ka

krediitkaart

zao can

hommikusöök

wu can

lõunasöök

wan can

õhtusöök

piao

pilet

dian ti

lift

you piao

postmark

bian jie

riigipiir

hai guan

toll

da shi guan

saatkond

qian zheng

viisa

hu zhao

pass

lü xing - reisimine

jiao tong yun shu
transport

fei ji
lennuk

chuan
laev

xiao fang che
tuletõrjeauto

gong jiao che
buss

ka che
veoauto

qi ting
mootorpaat

zi xing che
jalgratas

qi che
auto

bai du chuan

praam

xiao chuan

paat

mo tuo che

mootorratas

jing che

politseiauto

sai che

võidusõiduauto

zu che

rendiauto

pin che
ühisauto

tuo che
puksiirauto

la ji che
prügiauto

fa dong ji
mootor

qi you
kütus

jia you zhan
tankla

jiao tong biao zhi
liiklusmärk

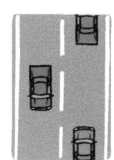

jiao tong
liiklus

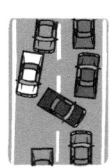

jiao tong du sai
liiklusummik

ting che chang
parkla

huo che zhan
raudteejaam

gui dao
rööpad

huo che
rong

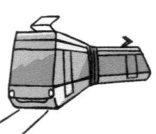

dian che
tramm

huo che
vagun

zhi sheng ji

helikopter

ji chang

lennujaam

ta

torn

cheng ke

reisija

ji zhuang xiang

konteiner

zhi ban xiang

pappkast

shou tui che

käru

lan zi

korv

qi fei/jiang luo

õhku tõusma / maanduma

cheng shi

linn

cun zhuang

küla

shi zhong xin

kesklinn

fang zi

maja

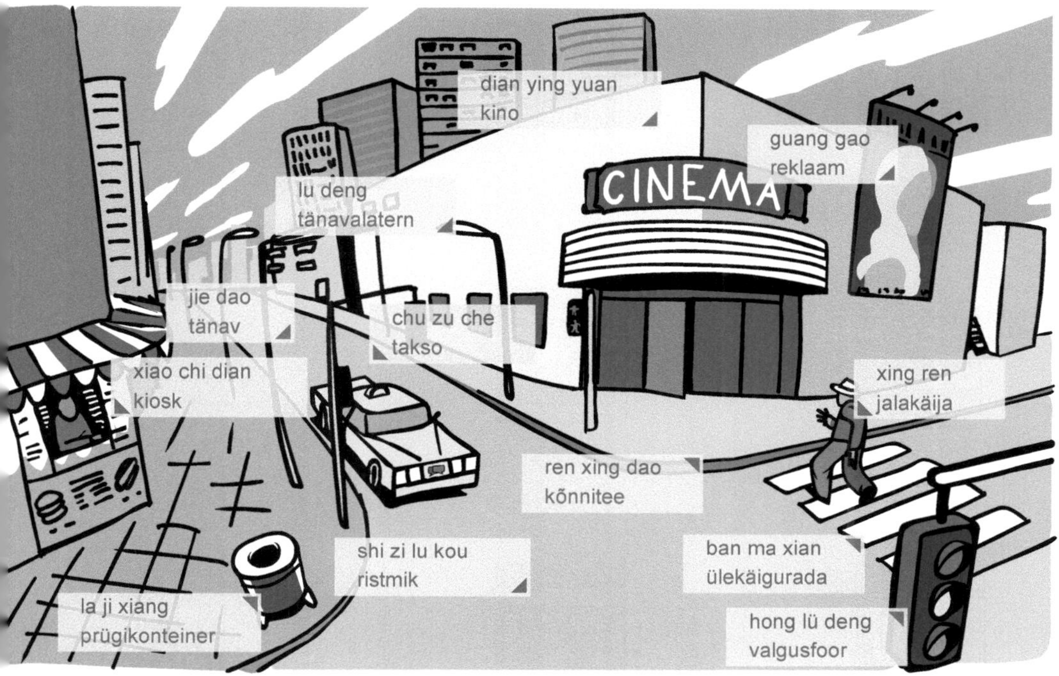
dian ying yuan
kino
guang gao
reklaam
CINEMA
lu deng
tänavalatern
jie dao
tänav
chu zu che
takso
xiao chi dian
kiosk
xing ren
jalakäija
ren xing dao
kõnnitee
shi zi lu kou
ristmik
ban ma xian
ülekäigurada
la ji xiang
prügikonteiner
hong lü deng
valgusfoor

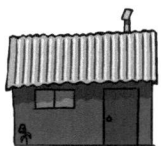

xiao wu

osmik

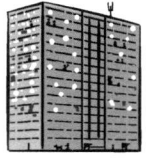

gong yu

kortermaja

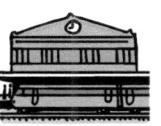

huo che zhan

raudteejaam

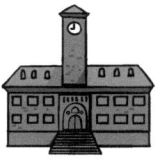

shi zheng ting

raekoda

MUSEUM

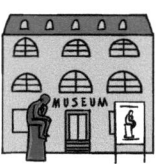

bo wu guan

muuseum

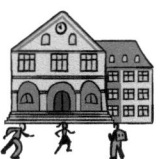

xue xiao

kool

da xue

ülikool

yin hang

pank

yi yuan

haigla

jiu dian

hotell

yao fang

apteek

ban gong shi

kontor

shu dian

raamatupood

shang dian

kauplus

hua dian

lillepood

chao shi

supermarket

shi chang

turg

bai huo shang dian

kaubamaja

yu dian

kalapood

gou wu zhong xin

kaubanduskeskus

hai gang

sadam

gong yuan

park

chang deng

pink

qiao

sild

lou ti

trepp

di tie

metroo

sui dao

tunnel

gong jiao che zhan

bussipeatus

jiu ba

baar

can guan

restoran

you tong

postkast

lu biao

tänavasilt

ting che ji shi qi

parkimisautomaat

dong wu yuan

loomaaed

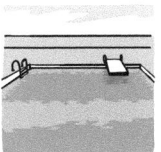

you yong guan

ujula

qing zhen si

mošee

nong chang
talu

wu ran
reostus

mu di
surnuaed

jiao tang
kirik

cao chang
mänguväljak

si miao
tempel

di xing
maastik

shu ye
leht

zhi shi pai
teeviit

lu
tee

cao di
aas

shi tou
kivi

tu bu lü xing zhe
matkaja

shu
puu

he
jõgi

cao
rohi

hua
lill

xia gu

org

shan

mägi

hu

järv

sen lin

mets

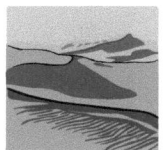

sha mo

kõrb

huo shan

vulkaan

cheng bao

linnus

cai hong

vikerkaar

mo gu

seen

zong lü shu

palm

wen zi

sääsk

cang ying

kärbes

ma yi

sipelgas

mi feng

mesilane

zhi zhu

ämblik

di xing - maastik

jia chong

mardikas

qing wa

konn

song shu

orav

ci wei

siil

ye tu

jänes

mao tou ying

öökull

niao

lind

tian e

luik

ye zhu

metssiga

lu

hirv

mi lu

põder

shui ba

pais

feng li fa dian ji

tuuleturbiin

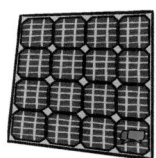

tai yang neng dian chi ban

päikesepaneel

qi hou

kliima

fu wu yuan
kelner

cai dan
menüü

yi zi
tool

tang
supp

pi sa bing
pitsa

can ju
söögiriistad

zhuo bu
laudlina

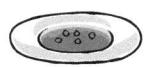

qian cai
eelroog

zhu cai
pearoog

tian dian
magustoit

yin liao
joogid

shi wu
toit

ping zi
pudel

kuai can

kiirtoit

jie bian xiao chi

tänavatoit

cha hu

teekann

tang he

suhkrutoos

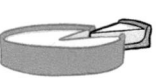

yi fen fan cai

portsjon

yi shi ka fei ji

espressomasin

gao jiao yi

lastetool

zhang dan

arve

tuo pan

kandik

dao

nuga

can cha

kahvel

shao zi

lusikas

cha chi

teelusikas

can jin

salvrätik

bo li bei

klaas

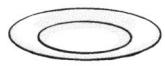

die zi

taldrik

tang pan

supitaldrik

die zi

alustass

jiang

kaste

yan ping

soolatoos

hu jiao mo

pipraveski

cu

äädikas

shi yong you

õli

tiao wei liao

vürtsid

fan qie jiang

ketšup

jie mo

sinep

dan huang jiang

majonees

chao shi

supermarket

te jia
eripakkumine
gu ke
klient
ru zhi pin
piimatooted
gou wu che
ostukäru
shui guo
puuviljad
FOR

BUTCHERS

rou pu

lihapood

BAKERY

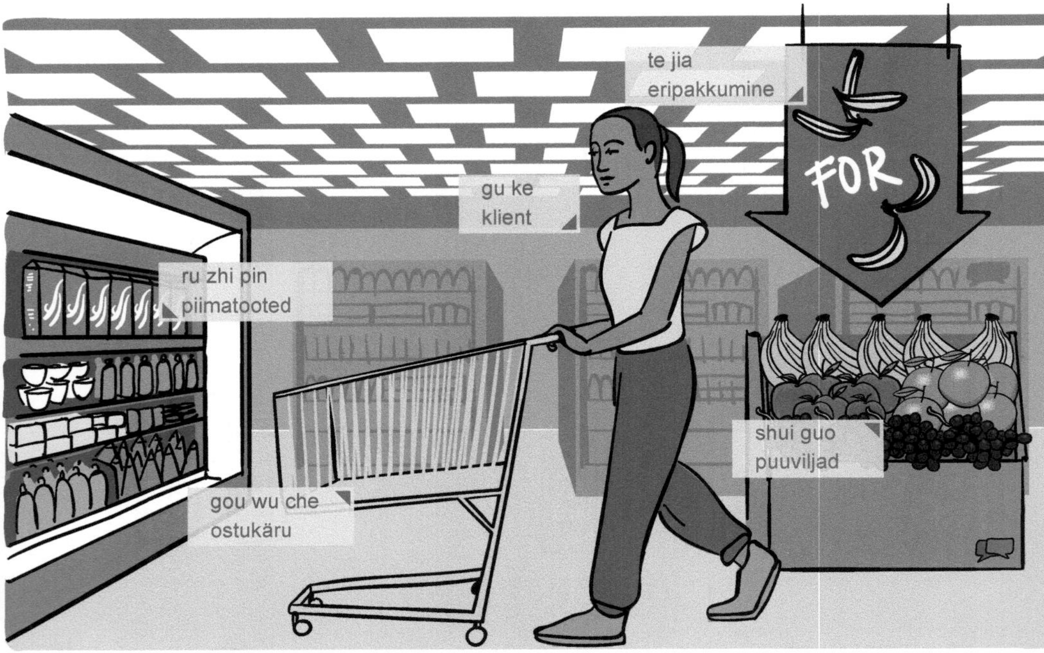

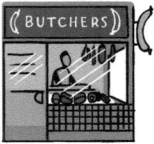

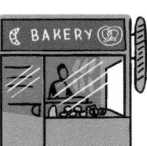

mian bao fang

pagariäri

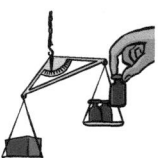

cheng zhong

kaaluma

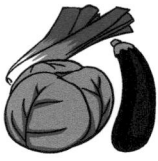

shu cai

köögiviljad

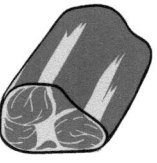

rou

liha

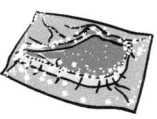

leng dong shi pin

külmutatud toit

leng pan

lihalõigud

guan tou shi pin

konservid

xi yi fen

pesupulber

tian shi

maiustused

ri yong pin

majatarbed

qing jie yong pin

puhastustooted

xiao shou yuan

müüja

shou yin ji

kassaaparaat

shou yin yuan

kassapidaja

gou wu qing dan

ostunimekiri

kai fang shi jian

lahtiolekuajad

qian bao

rahakott

xin yong ka

krediitkaart

dai zi

kott

su liao dai

kilekott

chao shi - supermarket

shui

vesi

guo zhi

mahl

niu nai

piim

ke le

koola

hong jiu

vein

pi jiu

õlu

jiu

alkohol

ke ke

kakao

cha

tee

ka fei

kohv

yi shi nong suo ka fei

espresso

ka bu qi nuo

cappuccino

xiang jiao

banaan

ping guo

õun

cheng zi

apelsin

xi gua

arbuus

ning meng

sidrun

hu luo bo

porgand

da suan

küüslauk

zhu zi

bambus

yang cong

sibul

mo gu

seen

jian guo

pähklid

mian tiao

nuudlid

yi da li mian tiao

spagetid

mi fan

riis

sha la

salat

shu tiao

friikartulid

zha tu dou

praekartulid

pi sa bing

pitsa

han bao bao

hamburger

san ming zhi

võileib

zha zhu pai

šnitsel

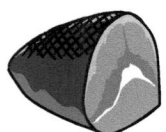

huo tui

sink

sa la mi

salaami

xiang chang

vorst

ji rou

kana

kao rou

praeliha

yu

kala

yan mai pian

kaerahelbed

mu zi li

müsli

yu mi pian

maisihelbed

mian fen

jahu

yang jiao mian bao

sarvesai

mian bao juan

kukkel

mian bao

leib

kao mian bao

röstsai

bing gan

küpsised

huang you

või

ning ru

kohupiim

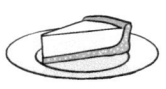

dan gao

kook

dan

muna

jian dan

praemuna

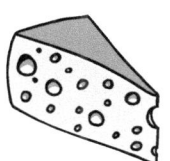

nai lao

juust

bing ji lin

jäätis

tang

suhkur

feng mi

mesi

guo jiang

moos

qiao ke li jiang

pähklivõie

ga li fan

karri

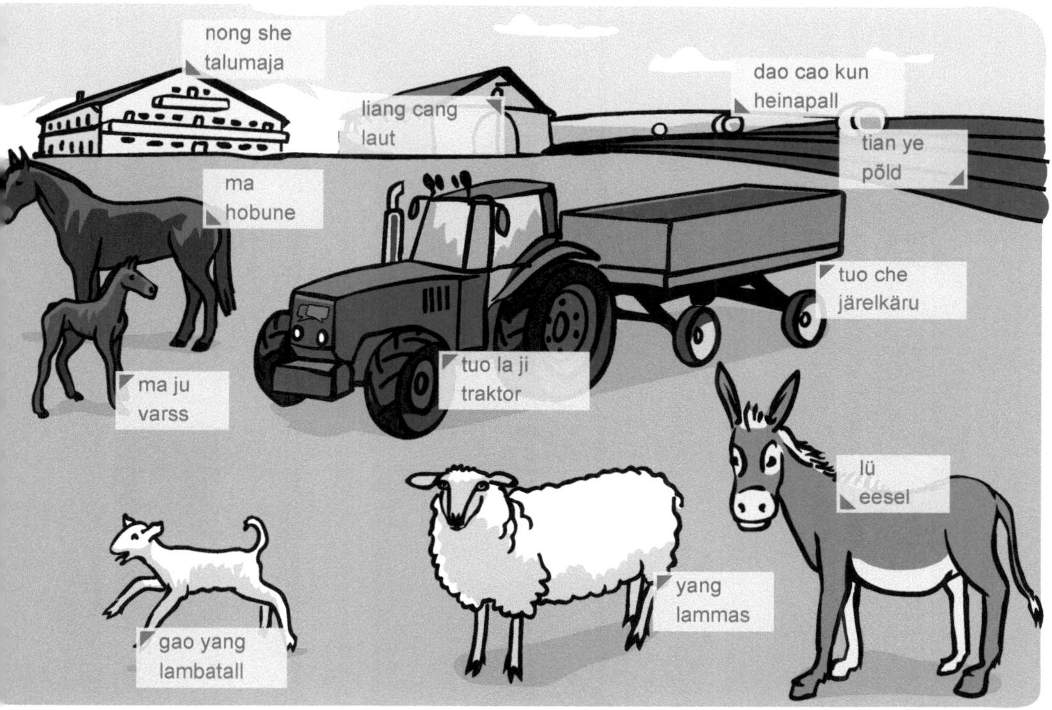

nong she
talumaja

dao cao kun
heinapall

liang cang
laut

tian ye
põld

ma
hobune

tuo che
järelkäru

ma ju
varss

tuo la ji
traktor

lü
eesel

gao yang
lambatall

yang
lammas

shan yang

kits

nai niu

lehm

niu du

vasikas

zhu

siga

xiao zhu

põrsas

gong niu

pull

e

hani

ya

part

xiao ji

tibu

mu ji

kana

gong ji

kukk

shu

rott

mao

kass

lao shu

hiir

niu

härg

gou

koer

gou wu

koerakuut

hua yuan jiao shui ruan guan

aiavoolik

sa shui hu

kastekann

chang bing da lian dao

vikat

li

ader

lian dao
sirp

chu tou
kõblas

chang bing cao pa
hang

fu tou
kirves

du lun shou tui che
käru

si liao cao
küna

niu nai guan
piimanõu

ma bu dai
kott

zha lan
tara

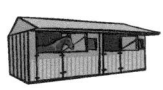

ma jiu
tall

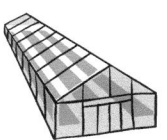

wen shi
kasvuhoone

tu rang
muld

zhong zi
seeme

fei liao
väetis

lian he shou ge ji
kombain

shou ge

saaki koristama

shou ge

saagikoristus

shan yao

jamss

xiao mai

nisu

da dou

soja

tu dou

kartul

yu mi

mais

you cai zi

raps

guo shu

viljapuu

shu shu

maniokk

gu wu

teravili

fang zi
maja

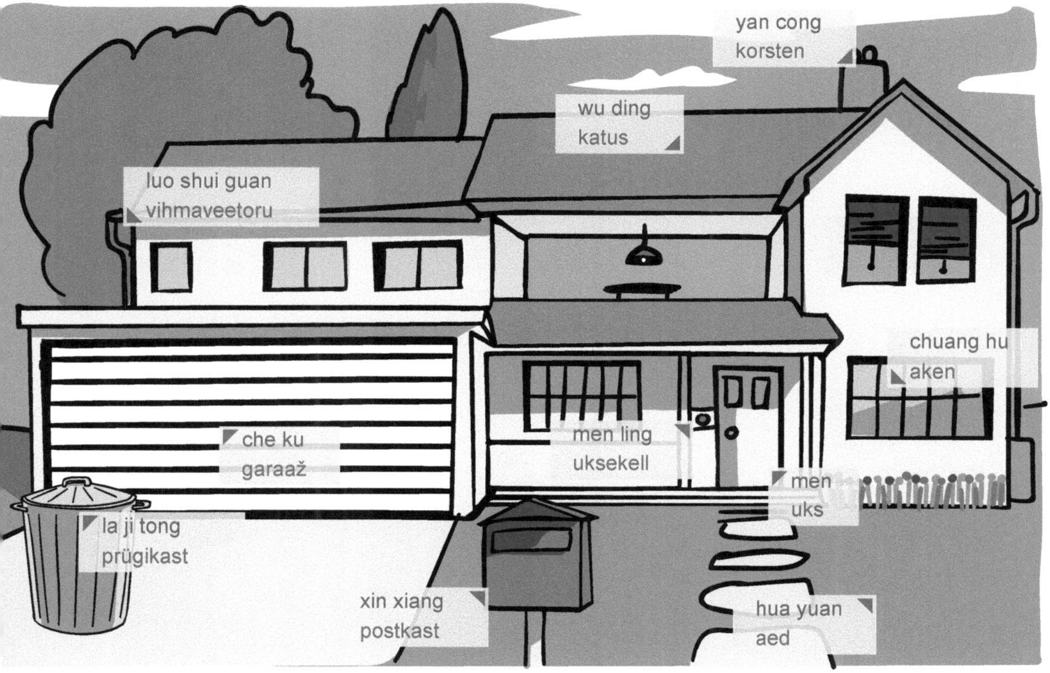
yan cong
korsten
wu ding
katus
luo shui guan
vihmaveetoru
chuang hu
aken
che ku
garaaž
men ling
uksekell
men
uks
la ji tong
prügikast
xin xiang
postkast
hua yuan
aed

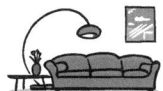

ke ting
elutuba

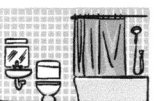

yu shi
vannituba

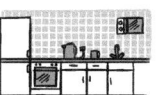

chu fang
köök

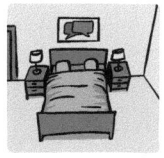

wo shi
magamistuba

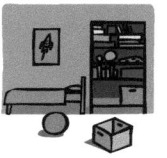

er tong fang
lastetuba

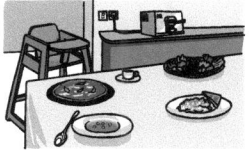

can ting
söögituba

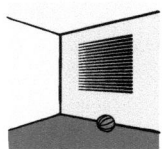

di ban

põrand

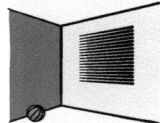

qiang bi

sein

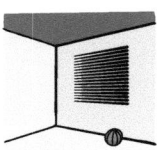

diao ding

lagi

di jiao

kelder

sang na

saun

yang tai

rõdu

lu tai

terrass

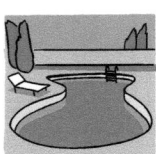

you yong chi

bassein

ge cao ji

muruniiduk

bei dan

voodilina

chuang zhao

päevatekk

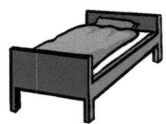

chuang

voodi

sao zhou

luud

shui tong

ämber

kai guan

lüliti

ke ting

elutuba

bi zhi
tapeet
zhao pian
pilt
tai deng
lamp
ge jia
riiul
chu gui
kapp
dian shi ji
televiisor
bi lu
kamin
hua
lill
dian zi
padi
sha fa
diivan
hua ping
vaas
yao kong qi
kaugjuhtimispult

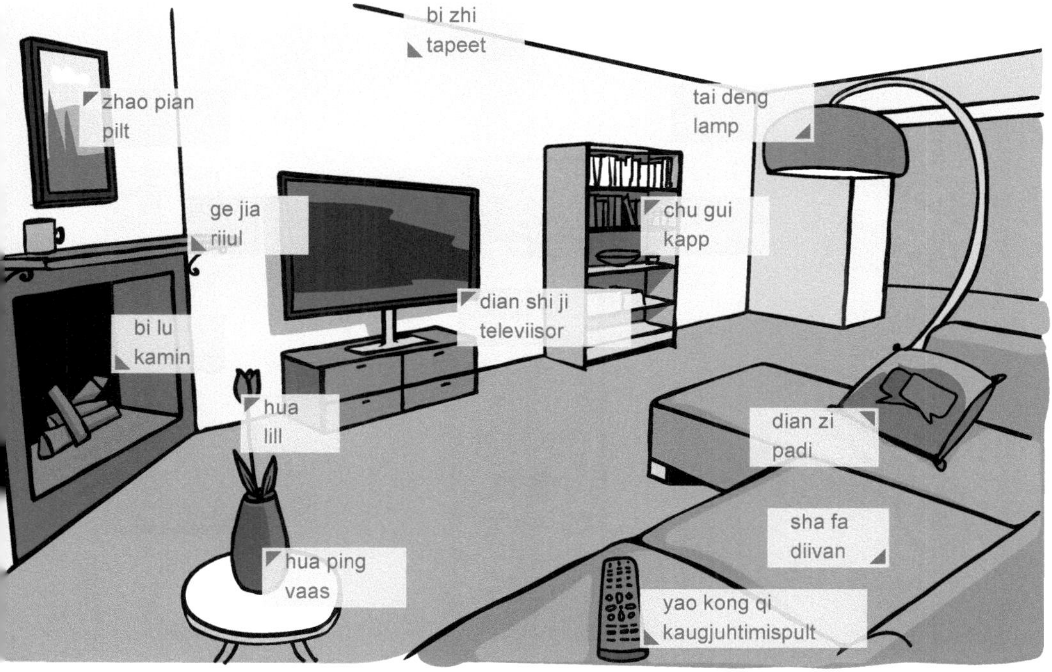

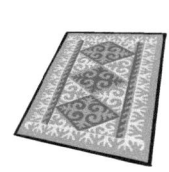

di tan

vaip

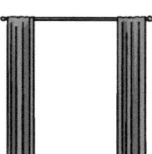

chuang lian

kardin

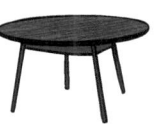

can zhuo

laud

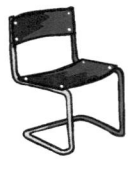

yi zi

tool

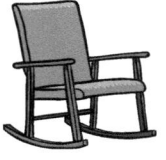

yao yi

kiiktool

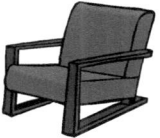

fu shou yi

tugitool

shu

raamat

tan zi

tekk

zhuang shi pin

kaunistus

mu chai

küttepuud

dian ying

film

gao bao zhen yin xiang

helisüsteem

yao shi

võti

bao zhi

ajaleht

you hua

maal

hai bao

plakat

shou yin ji

raadio

bi ji ben

märkmik

xi chen qi

tolmuimeja

xian ren zhang

kaktus

la zhu

küünal

chu fang
köök

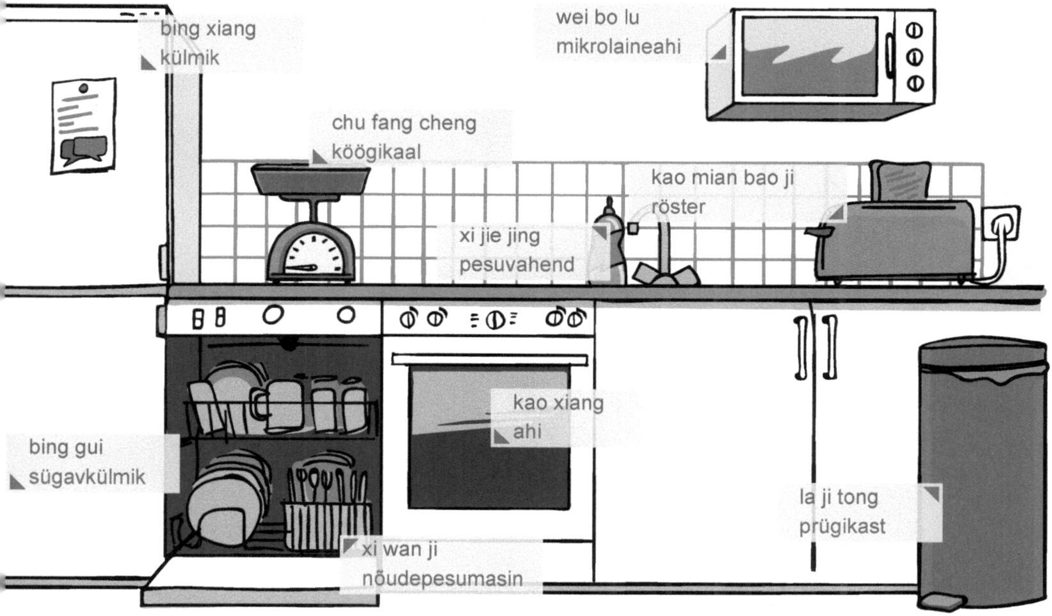

bing xiang
külmik
wei bo lu
mikrolaineahi
chu fang cheng
köögikaal
kao mian bao ji
röster
xi jie jing
pesuvahend
kao xiang
ahi
bing gui
sügavkülmik
la ji tong
prügikast
xi wan ji
nõudepesumasin

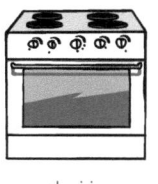

chui ju

pliit

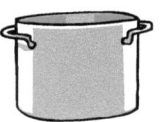

guo

pott

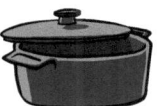

zhu tie guo

malmpott

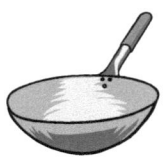

sha guo

vokkpann

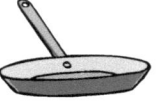

ping di guo

pann

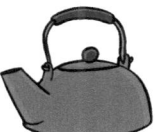

shui hu

veekeetja

zheng guo

aurutaja

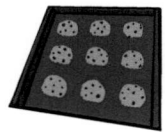

kao pan

küpsetusplaat

tao ci guo

lauanõud

ma ke bei

kruus

wan

kauss

kuai zi

söögipulgad

chang bing shao

kulp

chan zi

pannilabidas

jiao ban qi

vispel

lü wang

kurn

shai zi

sõel

mo sui ji

riiv

yan bo

uhmer

shao kao

grill

ming huo

lahtine tuli

cai ban

lõikelaud

gan mian zhang

tainarull

kai ping qi

korgitser

guan zi

konservipurk

kai ping qi

konserviavaja

ge re shou tao

pajakinnas

shui cao

kraanikauss

shua zi

hari

hai mian

pesukäsn

jiao ban ji

kannmikser

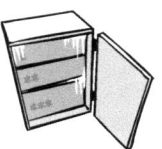

leng cang xiang

sügavkülmuti

nai ping

lutipudel

shui long tou

segisti

yu shi
vannituba

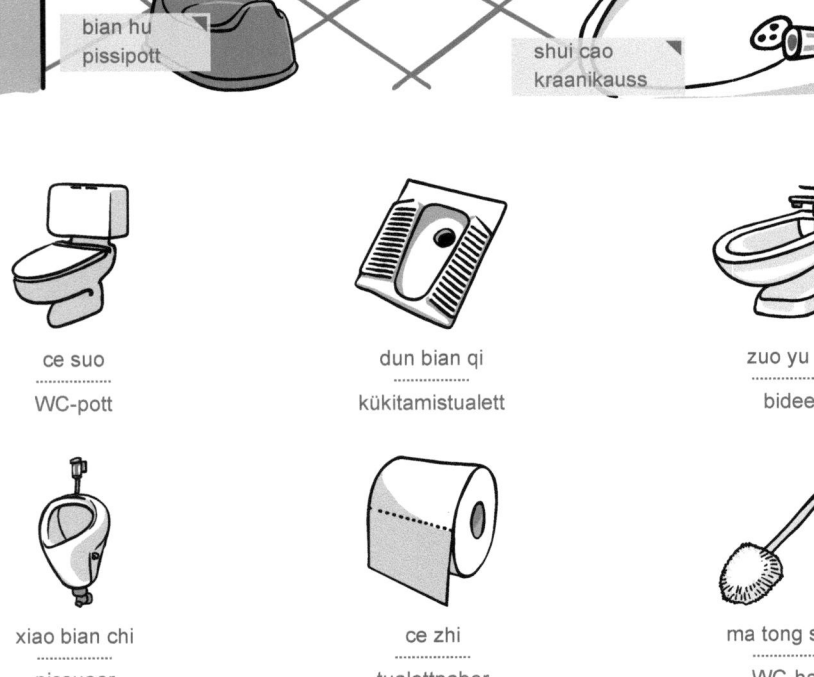

lin yu
dušš
gong nuan she bei
küte
mao jin
käterätik
yu lian
dušikardin
pao mo yu
mullivann
yu gang
vann
bo li bei
klaas
xi yi ji
pesumasin
shui long tou
segisti
ci zhuan
plaadid
bian hu
pissipott
shui cao
kraanikauss

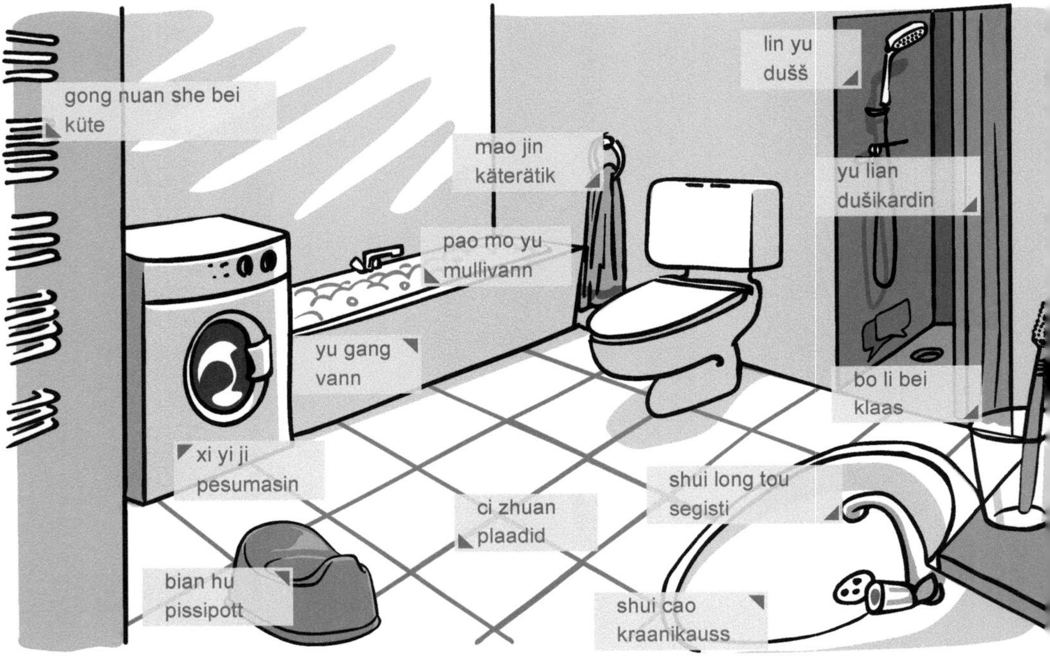

ce suo
WC-pott

dun bian qi
kükitamistualett

zuo yu qi
bidee

xiao bian chi
pissuaar

ce zhi
tualettpaber

ma tong shua
WC-hari

ya shua

hambahari

ya gao

hambapasta

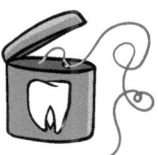

ya xian

hambaniit

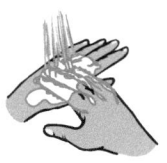

xi

pesema

shou chi shi pen lin tou

käsidušš

chong xi qi

intiimdušš

xi lian pen

pesukauss

ca bei shua

seljahari

fei zao

seep

mu yu lu

dušigeel

xi fa shui

šampoon

fa lan rong

vamm

pai shui

äravool

ru shuang

kreem

chu chou ji

deodorant

jing zi

peegel

shou jing

käsipeegel

ti xu dao

habemenuga

ti xu pao mo

raseerimisvaht

xu hou shui

habemevesi

shu zi

kamm

shua zi

hari

chui feng ji

föön

pen fa ding xing ji

juukselakk

hua zhuang pin

meigikomplekt

chun gao

huulepulk

zhi jia you

küünelakk

hua zhuang mian

vatt

zhi jia jian

küünekäärid

xiang shui

parfüüm

xi shu bao

tualett-tarvete kott

deng zi

taburet

ji zhong cheng

kaal

yu pao

hommikumantel

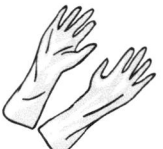

xiang jiao shou tao

kummikindad

wei sheng mian tiao

tampoon

wei sheng jin

hügieeniside

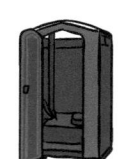

hua xue ce suo

keemiline tualett

er tong fang
lastetuba

nao zhong
äratuskell
mao rong wan ju
pehme mänguasi
wan ju che
mänguauto
bo lang gu
kõristi
wan ju wu
nukumaja
li wu
kingitus

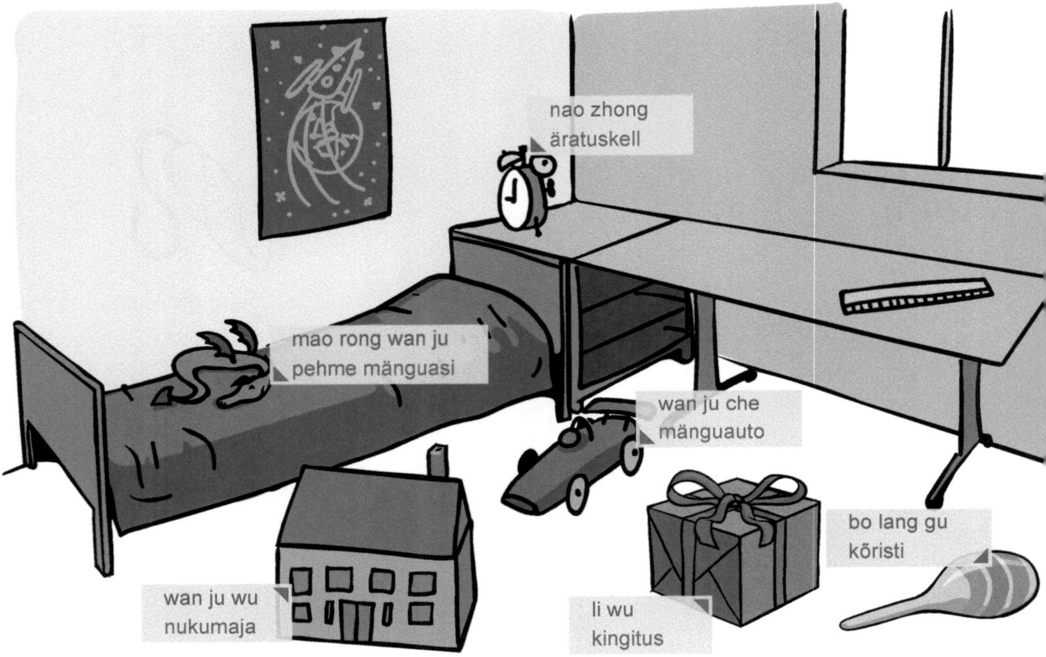

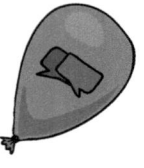

qi qiu
õhupall

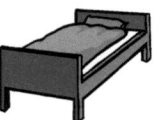

chuang
voodi

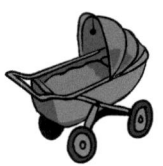

(yang wa wa yong)ying er che
lapsevanker

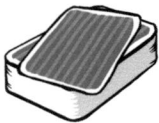

pu ke pai
kaardipakk

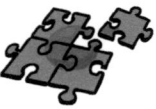

pin tu
pusle

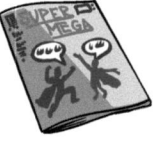

man hua
koomiks

le gao ji mu

Lego klotsid

ji mu wan ju

klotsid

wan ju ren

kujuke

ying er fu

siputuspüksid

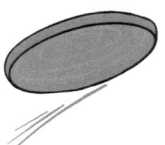

fei pan

lendav taldrik

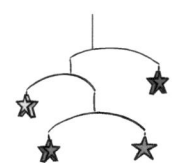

chuang ling wan ju

voodikarussell

qi pan you xi

lauamäng

shai zi

täringud

huo che mo xing

mudelrong

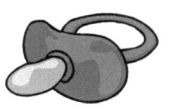

an fu nai zui

lutt

ju hui

pidu

hui ben

pildiraamat

qiu

pall

yang wa wa

nukk

wan

mängima

sha keng

liivakast

qiu qian

kiik

wan ju

mänguasjad

you xi ji

mängukonsool

san lun che

kolmerattaline jalgratas

tai di xiong

mängukaru

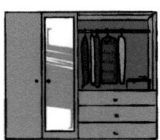

yi chu

riidekapp

yi fu

riietus

wa zi

sokid

chang wa

sukad

jin shen ku

sukkpüksid

wei jin
sall

pi dai
vöö

yu san
vihmavari

T xu
T-särk

yun dong xie
tossud

xue zi
saapad

tuo xie
sussid

liang xie
sandaalid

xie
jalatsid

yu xue
kummikud

nei ku
aluspüksid

xiong zhao
rinnahoidja

bei xin
vest

shen ti

bodi

ku zi

püksid

niu zai ku

teksapüksid

duan qun

seelik

nü shi chen shan

pluus

chen shan

särk

tao tou shan

sviiter

wei yi

dressipluus

xi zhuang jia ke

bleiser

jia ke

jakk

wai tao

mantel

yu yi

vihmamantel

tao zhuang

kostüüm

lian yi qun

kleit

hun sha

pulmakleit

xi zhuang
ülikond

shui pao
öösärk

shui yi
pidžaama

sha li
sari

tou jin
pearätt

bao tou jin
turban

bo ka
burka

ka fu tan
kaftan

(a la bo shi)chang pao
abayah

yong yi
ujumistrikoo

nan shi yong ku
ujumispüksid

duan ku
lühikesed püksid

yun dong fu
dressid

wei qun
põll

shou tao
kindad

niu kou

nööp

yan jing

prillid

shou lian

käevõru

xiang lian

kaelakee

jie zhi

sõrmus

er huan

kõrvarõngas

bian mao

nokamüts

yi jia

riidepuu

mao zi

kaabu

ling dai

lips

la lian

tõmblukk

tou kui

kiiver

bei dai

traksid

xiao fu

koolivorm

zhi fu

vormirõivad

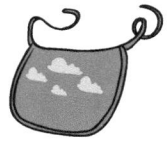

wei dou

pudipõll

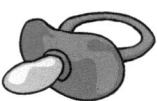

an fu nai zui

lutt

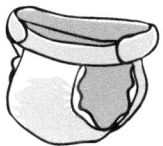

niao bu shi

mähe

ban gong shi

kontor

fu wu qi
server
wen jian gui
arhiivikapp
da yin ji
printer
zhi
paber
xian shi ping
monitor
shu biao
hiir
ban gong zhuo
kirjutuslaud
wen jian jia
kaust
jian pan
klaviatuur
fei zhi kuang
paberikorv
dian nao
arvuti
yi zi
tool

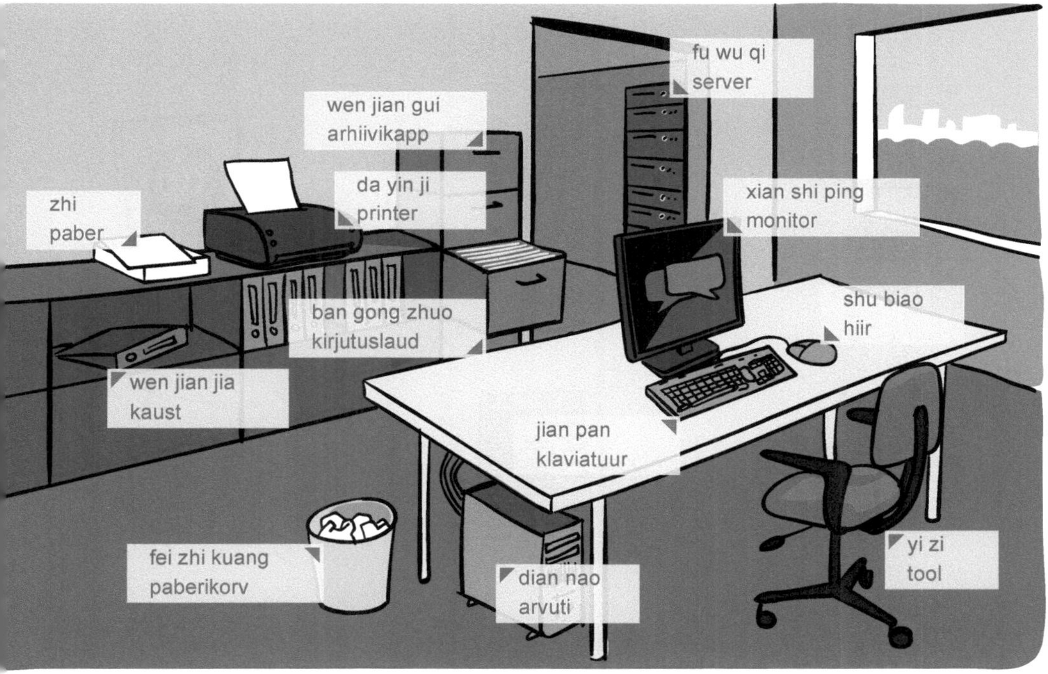

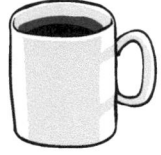

ka fei bei

kohvikruus

42

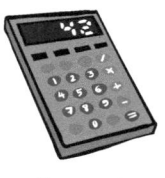

ji suan qi

kalkulaator

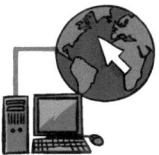

yin te wang

internet

bi ji ben dian nao

sülearvuti

xin jian

kiri

xiao xi

sõnum

shou ji

mobiiltelefon

wang luo

võrk

fu yin ji

koopiamasin

ruan jian

tarkvara

dian hua

telefon

cha zuo

pistikupesa

chuan zhen ji

faksimasin

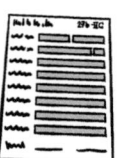

biao ge

vorm

wen jian

dokument

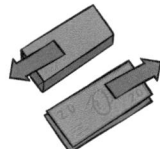

mai
ostma

fu qian
maksma

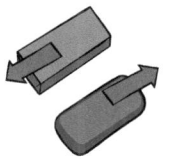

jiao yi
vahetama

xian jin
raha

mei yuan
dollar

ou yuan
euro

ri yuan
jeen

lu bu
rubla

rui shi fa lang
Šveitsi frank

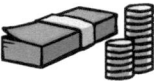

ren min bi
renminbi jüaan

lu bi
ruupia

ti kuan chu
sularahaautomaat

wai bi dui huan chu

valuutavahetuspunkt

jin

kuld

yin

hõbe

shi you

nafta

neng yuan

energia

jia ge

hind

he tong

leping

shui jin

maks

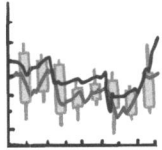

gu piao

aktsia

gong zuo

töötama

zhi yuan

töötaja

lao ban

tööandja

gong chang

tehas

shang dian

kauplus

zhi ye
ametid

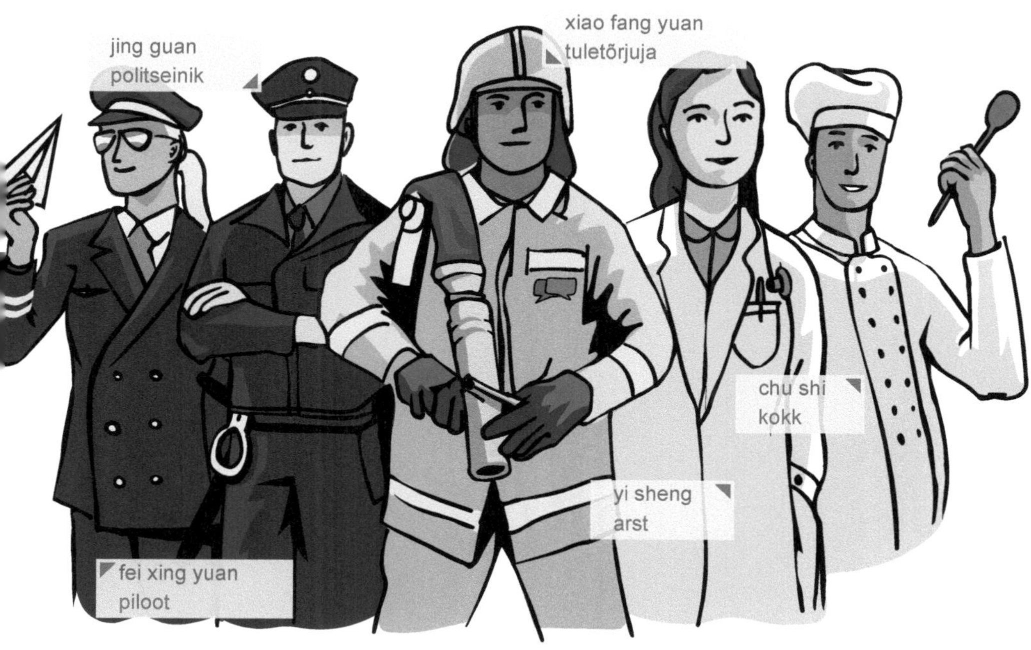
xiao fang yuan
tuletõrjuja
jing guan
politseinik
chu shi
kokk
yi sheng
arst
fei xing yuan
piloot

yuan ding
aednik

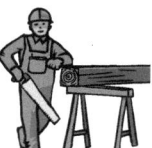

mu jiang
puusepp

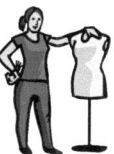

cai feng
õmbleja

fa guan
kohtunik

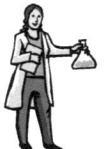

hua xue jia
keemik

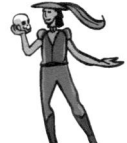

yan yuan
näitleja

gong jiao che si ji

bussijuht

chu zu che si ji

taksojuht

yu fu

kalamees

qing jie nü gong

koristaja

wu ding gong

katusepaigaldaja

fu wu yuan

kelner

lie ren

jahimees

hua jia

maaler

mian bao shi

pagar

dian gong

elektrik

jian zhu gong ren

ehitaja

gong cheng shi

insener

tu fu

lihunik

shui guan gong

torumees

you di yuan

postiljon

shi bing

sõdur

jian zhu shi

arhitekt

shou yin yuan

kassapidaja

hua nong

lillemüüja

li fa shi

juuksur

shou piao yuan

piletikontrolör

ji xie shi

mehaanik

chuan zhang

kapten

ya yi

hambaarst

ke xue jia

teadlane

la bi

rabi

yi ma mu

imaam

he shang

munk

mu shi

preester

gong ju
tööriistad

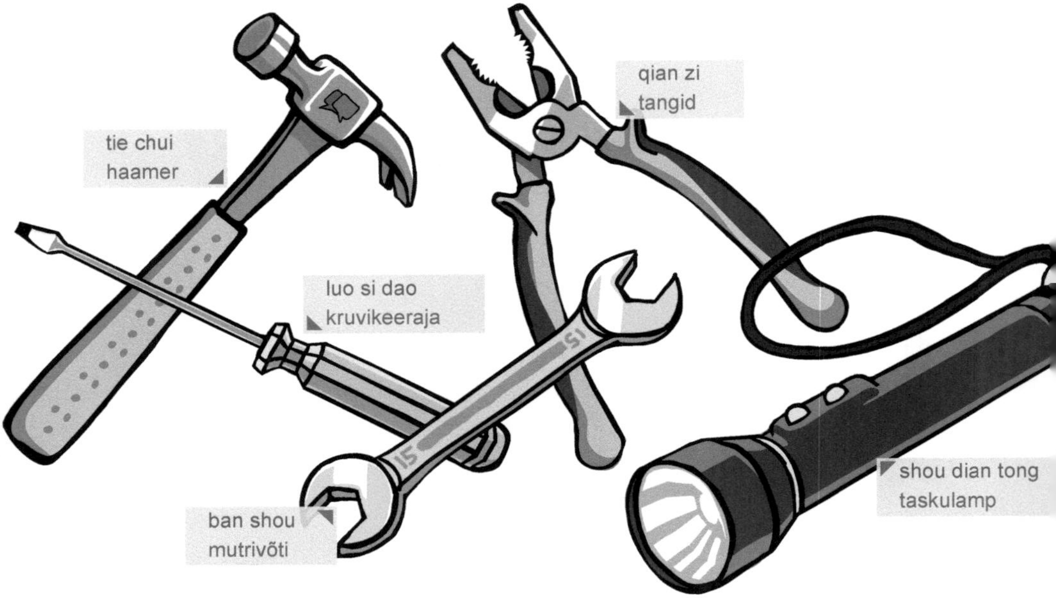
tie chui
haamer
qian zi
tangid
luo si dao
kruvikeeraja
ban shou
mutrivõti
shou dian tong
taskulamp

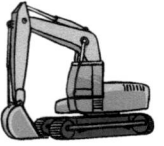

wa jue ji

ekskavaator

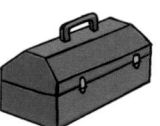

gong ju xiang

tööriistakast

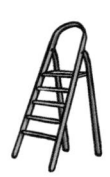

ti zi

redel

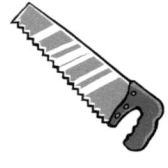

ju zi

saag

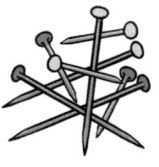

ding zi

naelad

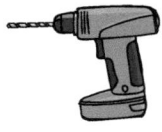

zuan ji

trell

xiu

parandama

chan zi

labidas

kao!

Põrgusse!

bo ji

kühvel

you qi tong

värvipott

luo si

kruvid

yue qi
pillid

yang sheng qi
kõlar

da ji yue qi
trummikomplekt

ji ta
kitarr

di yin ti qin
kontrabass

xiao hao
trompet

gang qin

klaver

xiao ti qin

viiul

bei si

bass

ding yin gu

timpan

gu

trummid

dian zi qin

süntesaator

sa ke si guan

saksofon

chang di

flööt

mai ke feng

mikrofon

dong wu yuan
loomaaed

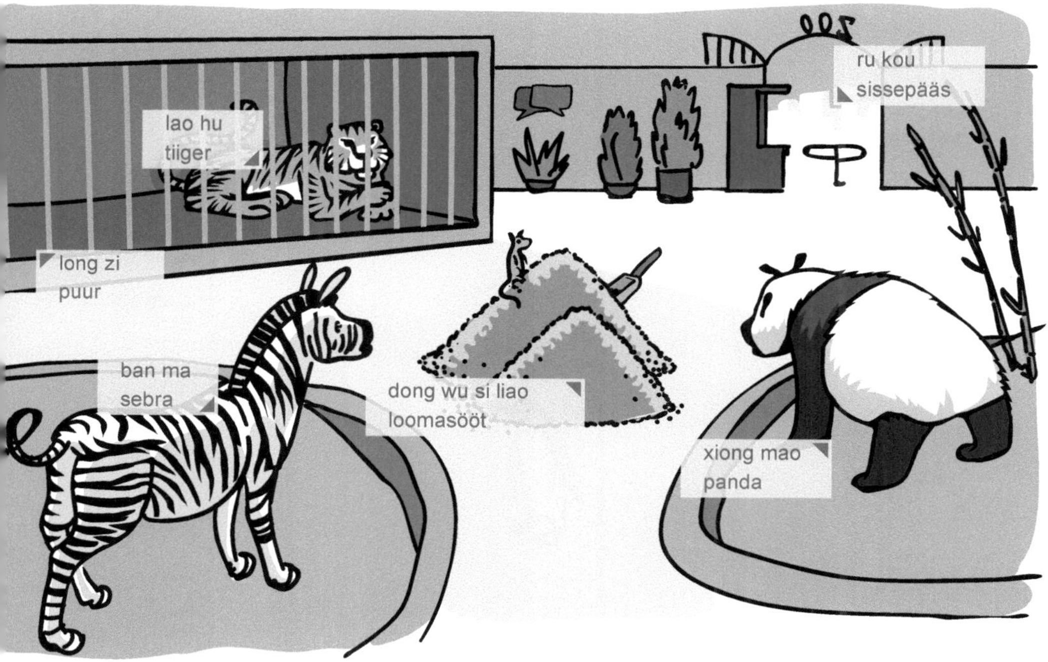

zoo
ru kou
sissepääs
lao hu
tiiger
long zi
puur
ban ma
sebra
dong wu si liao
loomasööt
xiong mao
panda

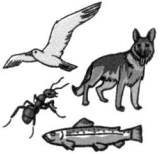

dong wu
loomad

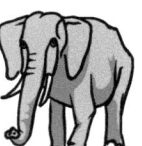

da xiang
elevant

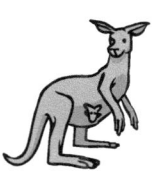

dai shu
känguru

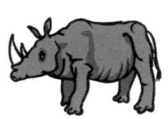

xi niu
ninasarvik

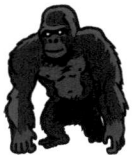

da xing xing
gorilla

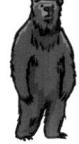

xiong
karu

luo tuo

kaamel

tuo niao

jaanalind

shi zi

lõvi

hou zi

ahv

huo lie niao

flamingo

ying wu

papagoi

bei ji xiong

jääkaru

qi e

pingviin

sha yu

hai

kong que

paabulind

she

madu

e yu

krokodill

dong wu yuan guan li yuan

loomaaiatalitaja

hai bao

hüljes

mei zhou bao

jaaguar

ai zhong ma

poni

bao

leopard

he ma

jõehobu

chang jing lu

kaelkirjak

lao ying

kotkas

ye zhu

metssiga

yu

kala

gui

kilpkonn

hai xiang

morsk

hu li

rebane

ling yang

gasell

gan lan qiu
Ameerika jalgpall

qi zi xing che
jalgrattasõit

wang qiu
tennis

lan qiu
korvpall

you yong
ujumine

bing qiu
jäähoki

quan ji
poksimine

ying shi zu qiu

jalgpall

yu mao qiu

sulgpall

tian jing

kergejõustik

shou qiu

käsipall

hua xue

suusatamine

ma qiu

polo

huo dong
tegevused

tiao
hüppama
yong bao
kallistama
xiao
naerma
zou lu
jalutama
chang
laulma
zuo meng
unistama
qi dao
palvetama
qin wen
suudlema

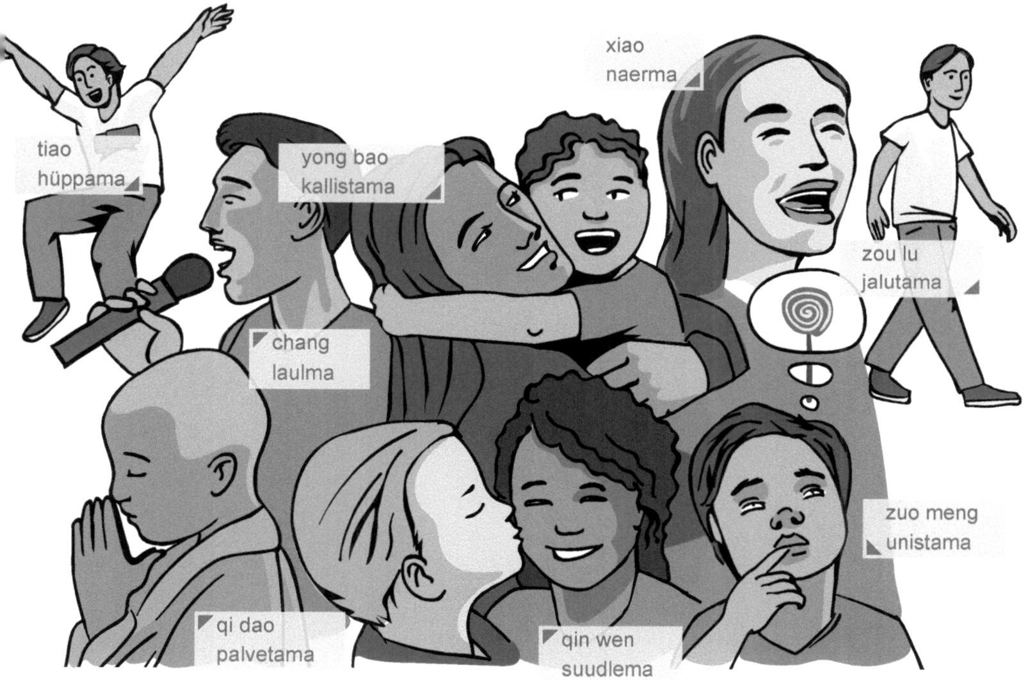

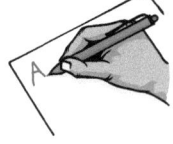

shu xie
kirjutama

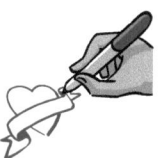

hua
joonistama

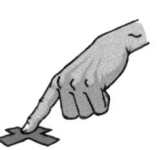

zhan shi
näitama

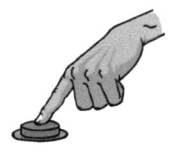

tui
lükkama

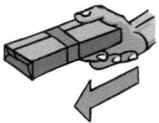

gei
andma

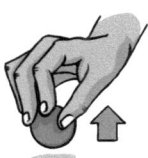

na
võtma

you

omama

zuo

tegema

dang

olema

zhan

seisma

pao

jooksma

la

tõmbama

reng

viskama

shuai dao

kukkuma

tang

lamama

deng dai

ootama

xie dai

kandma

zuo

istuma

chuan yi

riidesse panema

shui jiao

magama

xing lai

ärkama

kan

vaatama

ku

nutma

fu mo

paitama

shu tou

kammima

jiao tan

rääkima

ming bai

aru saama

wen

küsima

ting

kuulama

he

jooma

chi

sööma

qing li

korrastama

ai

armastama

zuo fan

süüa tegema

kai che

sõitma

fei

lendama

hang xing

purjetama

ji suan

arvutama

du

lugema

xue xi

õppima

gong zuo

töötama

jie hun

abielluma

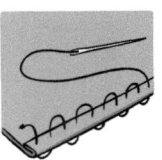

feng

õmblema

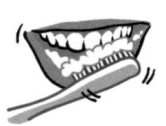

shua ya

hambaid pesema

sha

tapma

chou yan

suitsetama

ji

saatma

jia
perekond

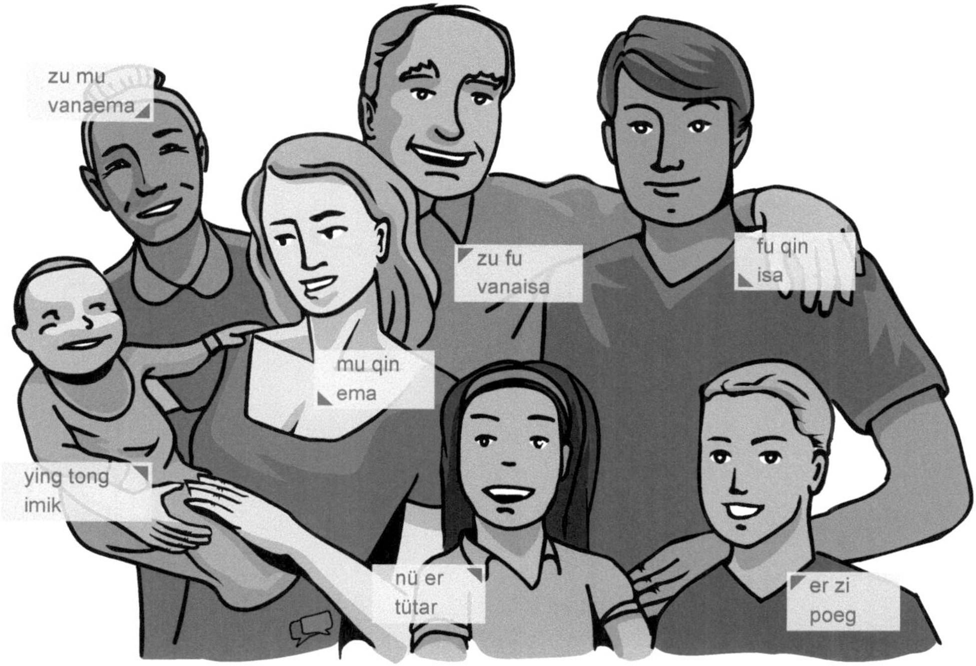
zu mu
vanaema
zu fu
vanaisa
fu qin
isa
mu qin
ema
ying tong
imik
nü er
tütar
er zi
poeg

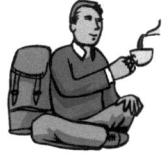

ke ren

külaline

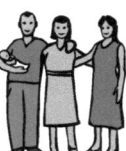

a yi

tädi

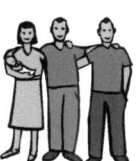

shu shu

onu

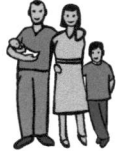

xiong di

vend

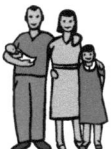

jie mei

õde

shen ti

keha

qian e
otsmik
yan jing
silm
jian bang
õlg
shou zhi
sõrm
lian
nägu
xia ba
lõug
shou
käsi
tui
jalg
ru fang
rind
shou bi
käsivars

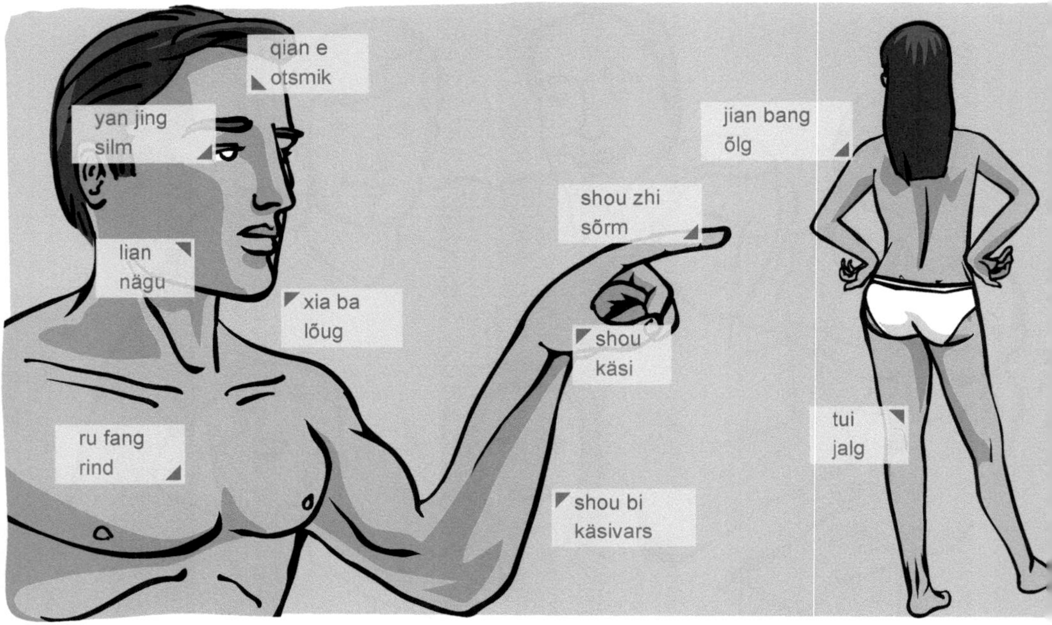

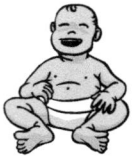

ying tong

imik

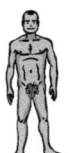

nan ren

mees

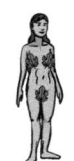

nü ren

naine

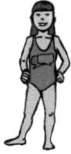

nü hai

tüdruk

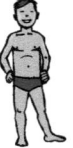

nan hai

poiss

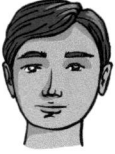

tou

pea

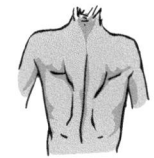

bei bu

selg

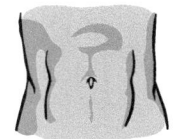

du zi

kõht

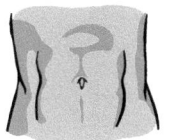

du qi

naba

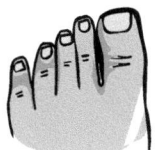

jiao zhi

varvas

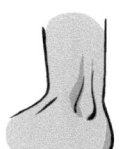

jiao hou gen

kand

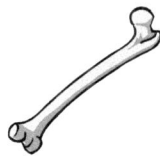

gu tou

luu

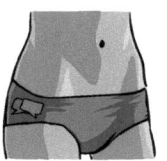

tun bu

puus

xi gai

põlv

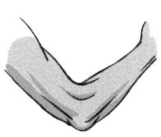

shou zhou

küünarnukk

bi zi

nina

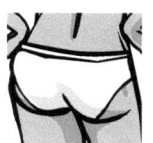

pi gu

tagumik

pi fu

nahk

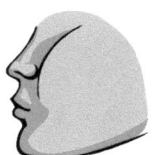

lian jia

põsk

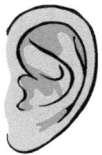

er duo

kõrv

zui chun

huuled

zui
suu

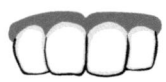

ya chi
hammas

she tou
keel

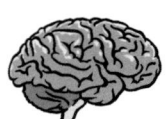

nao
aju

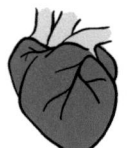

xin zang
süda

ji rou
lihas

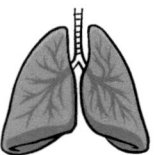

fei
kops

gan zang
maks

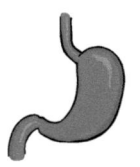

wei
magu

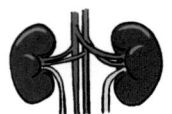

shen zang
neerud

xing jiao
seksuaalvahekord

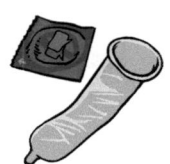

bi yun tao
kondoom

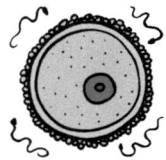

luan zi
munarakk

jing zi
sperma

huai yun
rasedus

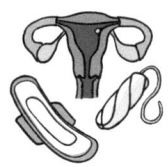

yue jing

menstruatsioon

yin dao

vagiina

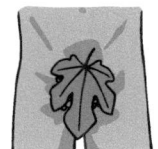

yin jing

peenis

mei mao

kulm

tou fa

juuksed

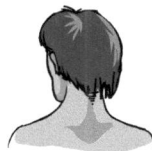

bo zi

kael

yi yuan
haigla

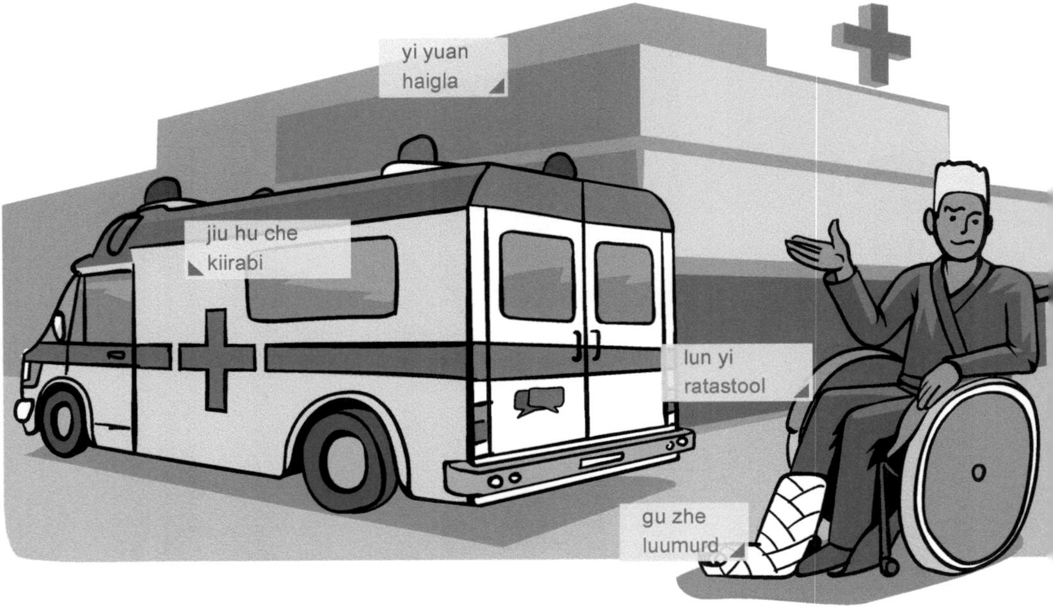

yi yuan
haigla
jiu hu che
kiirabi
lun yi
ratastool
gu zhe
luumurd

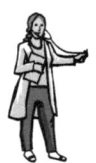

yi sheng

arst

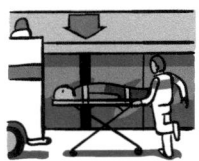

ji zhen shi

traumapunkt

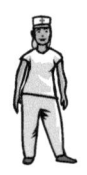

hu shi

meditsiiniõde

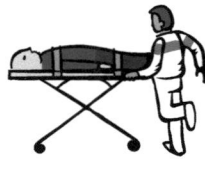

jin ji qing kuang

hädaolukord

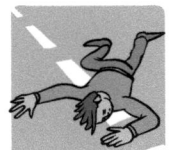

hun mi

teadvuseta

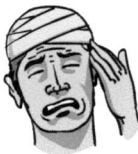

tong

valu

shou shang

vigastus

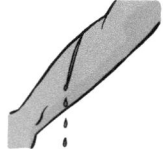

chu xue

verejooks

xin zang bing fa zuo

südamerabandus

zhong feng

insult

guo min

allergia

ke sou

köha

fa shao

palavik

liu gan

gripp

fu xie

kõhulahtisus

tou tong

peavalu

ai zheng

vähk

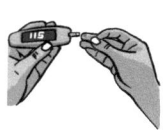

tang niao bing

diabeet

wai ke yi sheng

kirurg

shou shu dao

skalpell

shou shu

operatsioon

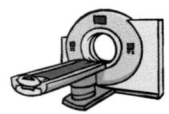

CT
KT

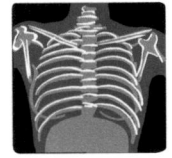

X guang
röntgen

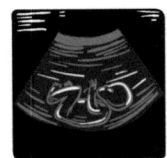

chao sheng bo
ultraheli

kou zhao
mask

ji bing
haigus

hou zhen shi
ooteruum

guai zhang
kark

shi gao
kips

beng dai
side

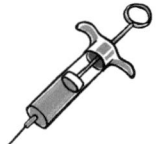

zhu she
süst

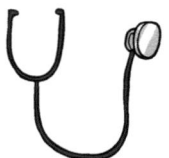

ting zhen qi
stetoskoop

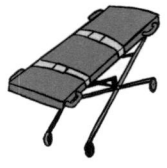

dan jia
kanderaam

ti wen ji
kraadiklaas

chu sheng
sünd

chao zhong
ülekaaluline

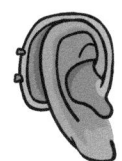

zhu ting qi

kuuldeaparaat

xiao du ye

desinfektsioonivahend

gan ran

põletik

bing du

viirus

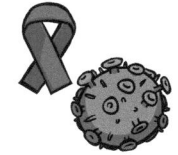

ai zi bing

HIV / AIDS

yao wu

meditsiin

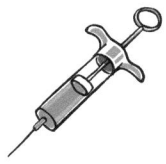

jie zhong yi miao

vaktsineerimine

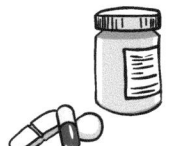

yao pian

tabletid

yao wan

pill

ji jiu dian hua

hädaabikõne

xue ya ji

vererõhuaparaat

sheng bing/jian kang

haige / terve

jiu ming!

Appi!

jing bao

häire

tu ji

kallaletung

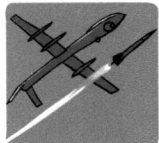

gong ji

rünnak

wei xian

oht

jin ji chu kou

avariiväljapääs

zhao huo la!

Tulekahju!

mie huo qi

tulekustuti

yi wai

õnnetus

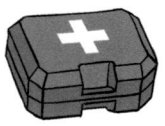

ji jiu xiang

esmaabikomplekt

hu jiu xin hao

SOS

jing cha

politsei

ou zhou

Euroopa

bei mei zhou

Põhja-Ameerika

nan mei zhou

Lõuna-Ameerika

fei zhou

Aafrika

ya zhou

Aasia

ao zhou

Austraalia

da xi yang

Atlandi ookean

tai ping yang

Vaikne ookean

yin du yang

India ookean

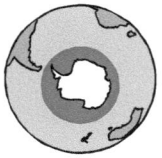

nan bing yang

Lõuna-Jäämeri

bei bing yang

Põhja-Jäämeri

bei ji

põhjapoolus

nan ji

lõunapoolus

nan ji zhou

Antarktika

di qiu

Maa

lu di

maismaa

hai

meri

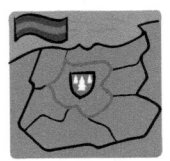

dao

saar

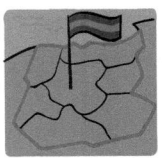

guo jia

rahvus

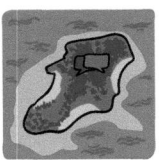

guo jia

riik

zhong mian

sihverplaat

shi zhen

tunniosuti

fen zhen

minutiosuti

miao zhen

sekundiosuti

xian zai ji dian?

Mis kell on?

tian

päev

shi jian

aeg

xian zai

praegu

dian zi biao

digitaalne kell

fen

minut

shi

tund

zhou
nädal

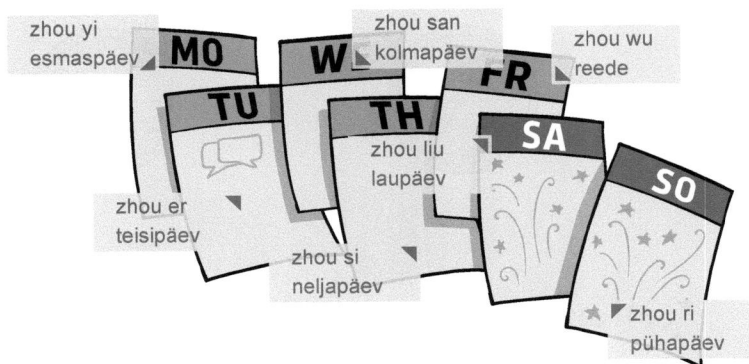

zhou yi
esmaspäev

zhou er
teisipäev

zhou san
kolmapäev

zhou si
neljapäev

zhou wu
reede

zhou liu
laupäev

zhou ri
pühapäev

zuo tian

eile

jin tian

täna

ming tian

homme

zao chen

hommik

zhong wu

lõuna

wan shang

õhtu

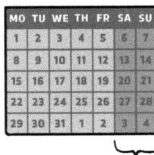

gong zuo ri

tööpäevad

zhou mo

nädalavahetus

80

zhou - nädal

nian
aasta

yu
vihm
cai hong
vikerkaar
xue
lumi
feng
tuul
chun
kevad
qiu
sügis
xia
suvi
dong
talv

4.APRIL 11°
5.APRIL 4°
6.APRIL 13°
7.APRIL 8°
8.APRIL 10°

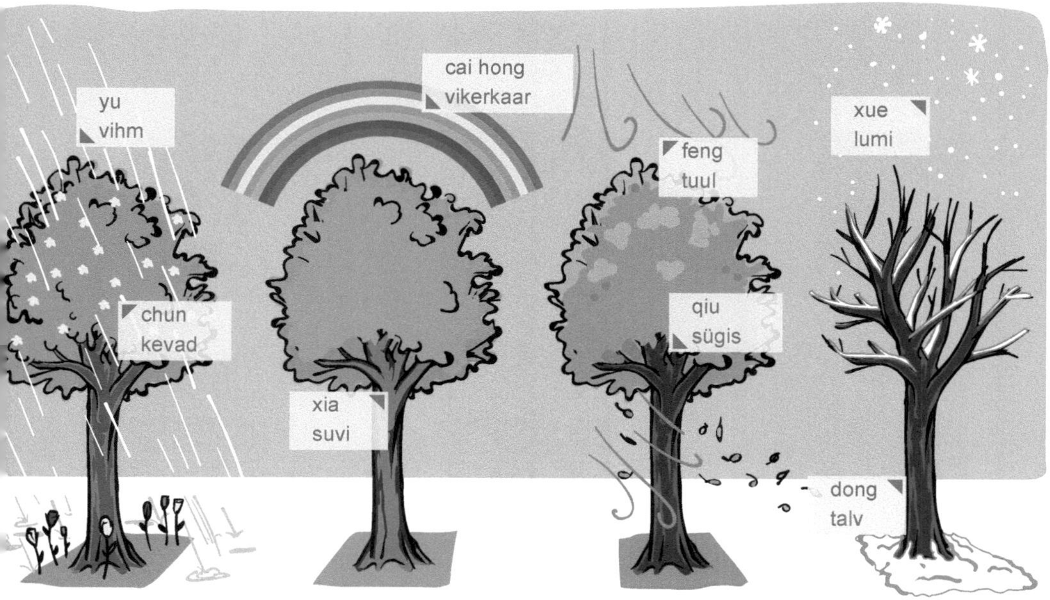

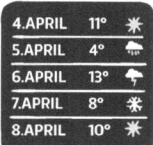

tian qi yu bao

ilmaennustus

F
C
120
90
60
30
0
-30
40
30
20
10
0
-10
-20

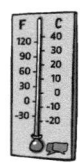

wen du ji

termomeeter

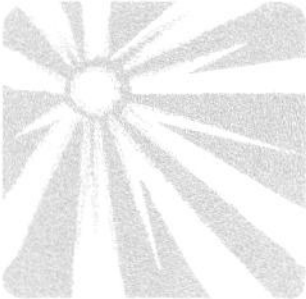

yang guang

päikesepaiste

yun

pilv

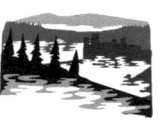

wu

udu

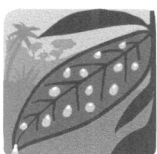

chao shi

niiskus

shan dian

pikne

da lei

kõu

feng bao

torm

bing bao

rahe

ji feng

mussoon

hong shui

üleujutus

bing

jää

yi yue

jaanuar

er yue

veebruar

san yue

märts

si yue

aprill

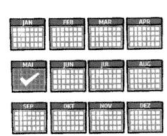

wu yue

mai

liu yue

juuni

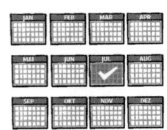

qi yue

juuli

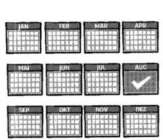

ba yue

august

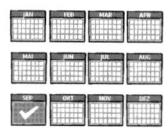

jiu yue

september

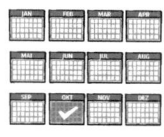

shi yue

oktoober

shi yi yue

november

shi er yue

detsember

xing zhuang
kujundid

yuan xing

ring

zheng fang xing

ruut

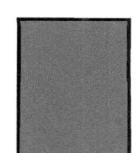

chang fang xing

nelinurk

san jiao xing

kolmnurk

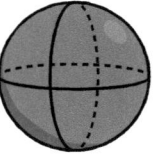

qiu ti

kera

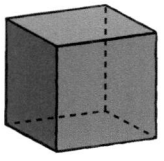

li fang ti

kuup

bai

valge

huang

kollane

cheng

oranž

fen

roosa

hong

punane

zi

lilla

lan

sinine

lü

roheline

zong

pruun

hui

hall

hei

must

hen duo/shao xu

palju / vähe

sheng qi/ping jing

vihane / rahulik

mei/chou

ilus / inetu

shou/wei

algus / lõpp

da/xiao

suur / väike

ming/an

hele / tume

xiong di/jie mei

vend / õde

gan jing/ang zang

puhas / must

wan zheng/que shi

täielik / puudulik

bai tian/wan shang

päev / öö

si/sheng

surnud / elus

kuan/zhai

lai / kitsas

ke shi yong/fei shi yong

söödav / mittesöödav

xie e/shan liang

kuri / sõbralik

xing fen/wu liao

põnevil / tüdinud

pang/shou

paks / peenike

di yi/zui hou

esimene / viimane

peng you/di ren

sõber / vaenlane

man/kong

täis / tühi

ying/ruan

kõva / pehme

zhong/qing

raske / kerge

e/ke

nälg / janu

sheng bing/jian kang

haige / terve

fei fa/he fa

ebaseaduslik / seaduslik

cong ming/yu ben

tark / rumal

zuo/you

vasak / parem

jin/yuan

lähedal / kaugel

xin/jiu

uus / kasutatud

mei you/you xie

mitte midagi / midagi

lao/you

vana / noor

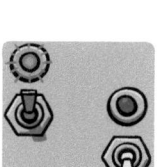

kai/guan

sees / väljas

da kai/he shang

lahti / kinni

an jing/chao nao

vaikne / vali

fu/qiong

rikas / vaene

dui/cuo

õige / vale

cu cao/guang hua

kare / sile

shang xin/gao xing

kurb / rõõmus

duan/chang

lühike / pikk

man/kuai

aeglane / kiire

shi/gan

märg / kuiv

wen nuan/liang shuang

soe / jahe

zhan zheng/he ping

sõda / rahu

numbrid

0

ling

null

1

yi

üks

2

er

kaks

3

san

kolm

4

si

neli

5

wu

viis

6

liu

kuus

7

qi

seitse

8

ba

kaheksa

9

jiu

üheksa

10

shi

kümme

11

shi yi

üksteist

12

shi er

kaksteist

13

shi san

kolmteist

14

shi si

neliteist

15

shi wu

viisteist

16

shi liu

kuusteist

17

shi qi

seitseteist

18

shi ba

kaheksateist

19

shi jiu

üheksateist

20

er shi

kakskümmend

100

bai

sada

1.000

qian

tuhat

1.000.000

bai wan

miljon

ying yu

inglise

mei shi ying yu

Ameerika inglise

pu tong hua

mandariini

yin di yu

hindi

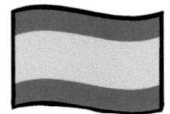

xi ban ya yu

hispaania

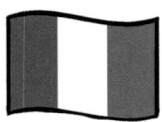

fa yu

prantsuse

a la bo yu

araabia

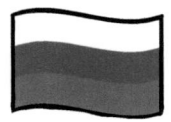

e yu

vene

pu tao ya yu

portugali

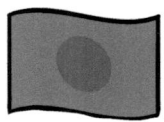

feng jia la yu

bengali

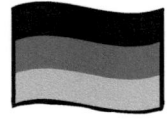

de yu

saksa

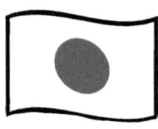

ri yu

jaapani

wo
mina

ni
sina

ta/ta/ta
tema

wo men
meie

ni men
teie

ta men
nemad

shei?
kes?

shen me?
mis?

zen yang?
kuidas?

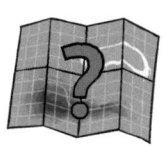

na li?
kus?

shen me shi hou?
millal?

ming zi
nimi

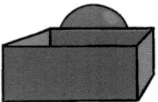

hou mian
....
taga

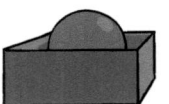

li mian
....
sees

qian mian
....
ees

shang fang
....
kohal

shang mian
....
peal

xia mian
....
all

pang bian
....
kõrval

zhong jian
....
vahel

di dian
....
koht